LE FOND DES CHOSES,

ou

QUI NOMMERONS-NOUS?

LE FOND DES CHOSES,

OU

QUI NOMMERONS-NOUS?

DIALOGUE

ENTRE TROIS ÉLECTEURS

DU DÉPARTEMENT DE L'YONNE.

PARIS.

LE NORMANT FILS, IMPRIMEUR DU ROI,

RUE DE SEINE, N° 8, PRÈS LE PONT DES ARTS.

FÉVRIER 1824.

LE FOND DES CHOSES,

ou

QUI NOMMERONS-NOUS?

DIALOGUE

ENTRE

TROIS ÉLECTEURS DU DÉPARTEMENT DE L'YONNE.

J'AVAIS la pensée de publier quelques réflexions sur les élections prochaines, lorsqu'une circonstance imprévue m'a fait assister à l'entretien qu'on va lire. Dans une conversation familière les hommes et les choses deviennent naturellement l'objet d'une discussion franche et positive. Aussi à peine celle-ci s'était-elle engagée sous mes yeux qu'un vif désir de la suivre et de la recueillir remplaça dans mon esprit l'idée de toute autre publication. Elle se trouve exactement et fidèlement reproduite dans le dialogue qui suit. Seulement aux noms réels des interlocuteurs, j'ai dû en substituer d'imaginaires. C'est la seule altération que je me sois permise ; et, sans doute, quelqu'amour qu'on ait pour la vérité, elle me sera pardonnée en faveur de ce juste sentiment des convenances, non moins sacré que celui qui prescrit de tout dire. D'ailleurs, je dois l'avouer, c'était la condition essentielle mise par ces mêmes interlocuteurs à l'autorisation qu'ils me donnaient de divulguer leur entretien. *

BRÉMONT. — Eh bien ! mon cher Saint-Alban, il faut vous l'avouer, les doutes que je vous exprimais il n'y a qu'un instant, naissent de ces prétentions folles émises dans certains journaux ; je ne voudrais pas, voyez-vous....

SAINT-ALBAN. — Je vous entends ; vous craindriez que des abus qui seraient en opposition avec nos mœurs et nos idées, et qui furent tout à la fois la cause ou le prétexte de la

---

* On retrouvera dans ce dialogue les formes faciles, mais quelquefois un peu négligées, de la conversation, et cette abondance qui lui est propre. Sans doute, il eût été très-aisé de changer, de corriger ; mais alors, au lieu d'un entretien fidèlement recueilli par l'éditeur, on n'aurait plus qu'une scène arrangée par lui.   (*Note de l'Éditeur.*)

révolution, fussent reproduits, et devinssent par leur retour le motif de nouveaux désordres, la source de nouveaux crimes.....

BRÉMONT. — Précisément; c'est là ma pensée.

SAINT-ALBAN. — Mais, mon cher Brémont, il ne faut pas vous y tromper; les prétentions, objet de votre inquiétude, sont l'expression de vœux aussi fous qu'indiscrets, formés par cette portion d'hommes exagérés, qui font à la fois la honte et le désespoir des partis; troupe indisciplinée qui déconcerte la prudence des chefs par des mouvemens irréguliers, par des attaques imprévues, et dont la turbulence met souvent en péril l'exécution des plans les plus sages et les mieux combinés.... Ce n'est donc point à de tels organes qu'il faut demander de vous révéler la pensée du Gouvernement; car ils vous donneront constamment leurs désirs pour des espérances, et leurs espérances pour autant de réalités : c'est la marche des passions.

BRÉMONT. — J'en conviens; je reconnais même avec quel soin les feuilles de l'Opposition ont la précaution de prêter l'apparence de la réalité à des projets absurdes auxquels elles ne croient point : comment enfin elles s'en affligent à l'avance dans l'intérêt de cette pauvre France, où elles ne voient plus bientôt que *gens taillables* *et corvéables à merci….. * Mais la septennalité ne se lit pas seulement dans l'Oriflamme.*

* La bonne foi n'est guère à l'usage des partis. *Le Constitutionnel* avait appelé l'attention publique et celle du Gouvernement sur les propositions dangereuses contenues dans la *Lettre pastorale de Mgr l'archevéque de Toulouse;* il lui tardait qu'elles reçussent une désapprobation formelle, car il y apercevait des prétentions vraiment alarmantes. Cependant l'examen de la *Lettre pastorale* est déféré au Conseil d'Etat, et une ordonnance royale la supprime. La pensée du Gouvernement du Roi se trouve ainsi nettement exprimée, et toute inquiétude est dissipée. On croirait peut-être que *le Constitutionnel* se hâte d'applaudir à un acte qu'il a lui-même en quelque sorte invoqué. Non vraiment. Il conteste au Conseil la compétence qui lui a été attribuée; on a méconnu envers Mgr l'archevêque toutes les règles établies; il est dépouillé des droits qui lui sont acquis. C'était à une Cour royale ou à la Chambre des Pairs à prononcer. Eh bien, si cette marche eût été adoptée, *le Constitutionnel* se serait écrié : Le ministère évite de se prononcer, et son silence nous révèle assez sa crainte ou son désir secret de voir bientôt renaître les prétentions émises dans la Lettre de l'archevêque de Toulouse. Oui, le Conseil d'Etat pouvait et devait prononcer : car le rapprochement d'un grand nombre de *faits antérieurs* l'a prouvé. Mais il a été tout aussi clairement démontré, pour tout homme sincère et ennemi des propositions subversives renfermées dans la Lettre pastorale, que la forme de censure admise offrait, indépendamment de sa légalité, l'avantage précieux de ne laisser aucun doute sur les *principes du Gouvernement du Roi.* On sent qu'à la veille des élections une telle manifestation ne reste pas inaperçue, et c'est cette réflexion qui eût fait préférer au *Constitutionnel* une procédure devant une Cour royale, à une ordonnance contre-signée par un ministre.   (*Note de l'Editeur.*)

Saint-Alban. — Non, sans doute, et le ministère l'a dit clairement ; il croit utile d'arriver à une Chambre qui se renouvellerait en masse, et tous les sept ans.

Brémont. — Cependant cette septennalité ne résulte pas de la Charte, puisque le renouvellement indiqué par elle doit s'opérer partiellement et par cinquième chaque année. Comment me répondrez-vous ?

Saint-Alban. — Franchement, et sans le moindre détour. Oui, la Charte avait admis un autre ordre de renouvellement. Elle maintint en 1814 le système de séries qu'elle trouva alors établi. Ce mode existait ; il fut plutôt *continué que choisi*. Mais la question des personnes ne fut pas étrangère à son adoption : ne perdez pas, je vous prie, cette circonstance de vue. Au reste, que le *Corps-Législatif* se formât tout entier à la fois ou seulement par cinquième, peu importait ; et les inconvéniens comme les avantages du mode de renouvellement partiel devaient rester inaperçus, avant l'existence réelle en France du gouvernement représentatif.

Brémont. — Pas entièrement.

Saint-Alban. — Entièrement ; en effet, que le Sénat-Conservateur choisît en totalité ou par cinquième ceux qui devaient prendre place sur les banquettes du Corps-Législatif, le résultat était le même. La véritable épreuve du mode de renouvellement partiel ne commença donc que depuis 1815. Et déjà, vous ne l'avez sans doute point oublié, en 1819, le besoin d'y renoncer était proclamé par un ministère que, certes, on n'accusa jamais de vouloir la contre-révolution.

BRÉMONT. — Soit ; mais le mode actuellement existant est tracé par la Charte, et le changer, c'est violer le pacte fondamental, c'est ébranler...

SAINT-ALBAN. — A merveille., ce sont bien là les expressions sacramentelles ; mais écoutez-moi quelques instans. Le respect pour les lois constitutives d'un pays est naturel. Cependant prétendez-vous qu'une constitution, qui n'est autre chose que la déclaration des principes par qui la société est régie, tout en posant les limites d'action des trois grands pouvoirs admis, qu'une telle constitution, dis-je, puisse rester stationnaire, invariable, lors même que des besoins nouveaux, des périls non prévus, des nécessités inaperçues viennent à se manifester ? Certainement non ; et toute constitution dont le principe fut durable a admis des modifications ou les a subies : sans cela elle eût péri. Consultez le passé, et répondez. Sans recourir même à des exemples éloignés, voyez si la trop fameuse constitution des Cortès n'était pas elle-même appelée à des modifications qu'elle eût subies après un très-petit nombre d'années; en 1830, si ma mémoire ne me trompe pas.

Brémont. — Mais en Angleterre rien de semblable ne s'est pratiqué, et aussi une prospérité non interrompue due à cette fixité...

Saint-Alban. — Votre erreur est complète. L'ensemble des chartes et des lois qui renferment toutes les libertés de l'Angleterre, a éprouvé les modifications successives, ou, pour parler plus exactement, les *violations* que les altérations apportées aux mœurs par le temps, ont commandées. La publicité des débats parlementaires, cette source de vie pour les gouvernemens représentatifs, dans l'origine était interdite ; oui, positivement interdite depuis 1650. Eh bien, qu'imagina-t-on pour satisfaire à un besoin impérieux non prévu? les discussions des Chambres furent d'abord reproduites sous des noms supposés. Enfin, ce n'est qu'à dater de l'année 1771 que les comptes rendus des séances du Parlement, tels qu'ils existent aujourd'hui, furent *tolérés*. Il le fallait ; mais n'eût-il pas été cent fois préférable de déroger légalement à la règle que de la placer en opposition ouverte avec un usage qui devient permanent, et établit une loi pratique, si je puis m'exprimer ainsi, à côté de la loi écrite? *

BRÉMONT. — Je ne puis le nier.

SAINT-ALBAN. — Revenant directement à la question qui nous occupe, un fait me paraît frappant. Voyons la marche suivie par le Gouvernement. Le Roi usant de ses prérogatives prononce la dissolution de la Chambre, et aussitôt le ministère annonce nettement son projet de septennalité. Et comment entend-il opérer un tel changement? avec le concours des trois pouvoirs. Cependant, reconnaissez-le, quelque sacrée que soit la Charte, elle ne fut pas l'ouvrage des trois pouvoirs. Dites qu'elle eut pour objet de satisfaire aux besoins, aux vœux de la France; que sa promulgation fut une convenance, un bienfait, je le pense comme vous; mais toujours

* Saint-Alban aurait pu ajouter que dans un espace de trente-un ans, de 1688 à 1719, la défense de publier les débats parlementaires fut renouvelée sept fois, et qu'aujourd'hui même certains publicistes anglais, n'ont pas cessé de considérer la violation de la loi de 1650 comme un crime très-grave, et qui doit être sévèrement puni; *it is accounted a great crime and severely punished.*—Cette réflexion de M. Bentham se présente aussi naturellement à l'esprit : « Il est fâcheux, dit-il, que ce qu'il y a de mieux » en Angleterre se fasse par une continuelle violation des » lois. » 			(*Note de l'Editeur.*)

est-il qu'elle émane directement du souverain, et qu'elle ne reçut de la nation d'autre sanction que celle qui peut naître de la reconnaissance la plus profonde.

BRÉMONT. — On la désirait, on l'attendait.

SAINT-ALBAN. — Ce n'est pas la question. Le Gouvernement du Roi songe-t-il à modifier une des dispositions de la Charte, ouvrage du souverain ? il veut alors, par un respect très-remarquable (qu'il ne faut pas méconnaître), n'obtenir de changement qu'à l'aide de l'intervention des Chambres. La justice voudrait qu'on se souvînt qu'en 1815, par une simple ordonnance, le nombre et l'âge des députés avaient été changés. Ce précédent était commode, avouez-le, et il y a tout à la fois courage et droiture à ne pas l'avoir imité dans cette occasion.

BRÉMONT. — Quoi! par une simple ordonnance vous vouliez...

SAINT-ALBAN. — Je ne vous dis pas ce que je voulais; je rappelle simplement ce qui s'est fait lors de l'introduction d'une modification tout autrement importante que celle qu'on médite; et je répète qu'il y a de la loyauté de la part de ceux qui la désirent, à recourir à des formes qui admettent des difficultés, qui appellent des contradicteurs enfin...

BRÉMONT. — A mes yeux ce n'est pas trop faire, parce que la Charte me semble bien plus qu'une loi.

SAINT-ALBAN. — Mon cher Brémont, je ne veux pas, comme vous le croirez facilement, remuer de certaines questions que ni vous ni moi n'avons la volonté de discuter ici. Ainsi le droit divin et les théories contraires ne seront point ramenés dans notre entretien. Je considérerai la nature des choses en elles-mêmes, et au risque de vous scandaliser beaucoup, je vous dirai que sans aucun doute je place la Charte au-dessus d'une loi, mais en ce sens seulement qu'elle est constitutive de l'Etat ; car cette Charte fut l'œuvre du souverain seul, tandis que la loi n'existe jamais que par l'effet d'une triple volonté, celle des Chambres et du Roi. Je ne sais si l'importance des intérêts qu'il embrasse et qu'il règle, change absolument la nature d'un acte ; mais reconnaissons du moins que, si ceux qui ont déclaré ne voir dans la Charte qu'une simple ordonnance révocable à volonté n'ont pas fait une révélation très-utile, ils n'ont certes pas encouru le reproche de stupidité.

BRÉMONT. — Vos distinctions peuvent être rigoureusement exactes, je ne saurais le nier. Mais un principe duquel je ne me départirai point, c'est celui qui commande de conserver intacte la constitution d'un pays.

SAINT-ALBAN. — Il faut sans doute respecter tout ce qui est fondamental. Ainsi l'égalité des droits, la liberté de la presse, celle des cultes, le consentement libre de l'impôt sont autant de prérogatives sacrées sous un gouvernement représentatif. Et pourquoi encore sont-elles sacrées? parce qu'elles portent avec elles la sanction de nos mœurs, qu'elles ont pour garantie l'extrême diffusion des lumières, que notre état social les veut, les réclame, et qu'enfin, gouvernans et gouvernés, ne pourraient vivre long-temps séparés d'elles. Mais à part les exceptions que j'indique, et quelques autres encore qui en découlent immédiatement, il n'existe plus dans toute constitution que des *modes d'exécution*, que l'expérience seule et l'opportunité font préférer au législateur. Pour vous traduire d'une manière sensible ma pensée, permettez-moi une comparaison qui, quoique simple, sera certainement fort exacte. Cette belle maison que vous aviez élevée récemment à grands frais dans la ville que vous habitez, et pour laquelle aucun soin ne fut négligé, aucune dépense épargnée, qui, construite sur les plans de plusieurs architectes célèbres, vous semblait délicieuse, et surtout d'une commodité parfaite.

Comment se fait-il que, lors de ma dernière
visite à ***, je l'aie trouvée envahie par des
ouvriers occupés à en changer presque toutes
les distributions intérieures? Si vous avez fort
sagement conservé les grandes divisions, les
ouvertures, le péristyle et l'ordre de l'architec-
ture, les pièces secondaires sont méconnaissa-
bles ; la toiture elle-même... Pourquoi, je vous
prie?

Brémont. — Pourquoi? par une raison fort
simple : je serai plus commodément et mieux
logé, ainsi que ma famille et mes amis, et vous
tout le premier, mon cher Saint-Alban, quand
vous me ferez l'amitié de venir me voir. D'ailleurs cet édifice, tel qu'il était, exigeait des ré-
parations annuelles considérables, et j'ai dû
surtout prévenir un semblable inconvénient.

Saint-Alban. — Mon cher Brémont, je vous
arrête. La Charte c'est votre édifice ; votre péristyle, vos grandes divisions, ce sont les principes fondamentaux, les bases essentielles ; dans
vos distributions intérieures, je retrouve les
dispositions secondaires, *les formes* qui condui-
sent à l'exécution. Vous le voyez, nous avons
fini par nous entendre.

Brémont. — Oui, je vous comprends : mieux
vaut corriger une mauvaise distribution mal
calculée que d'être incommodément logé, et.....

Saint-Alban. — Modifier une constitution sera toujours préférable au danger de voir naître des événemens qui mettent l'Etat en péril et déterminent immédiatement la ruine de cette même constitution. Les peuples, mon cher Brémont, obéissent à une loi de nécessité qui est celle de leur conservation, et en cela ils sont absolument semblables aux individus. Quand cette loi, cet instinct est méconnu, ils périssent, voilà tout.......

Durval. — Messieurs, des choses passons, s'il vous plaît, aux personnes : la transition ne sera point forcée, puisque presque toujours les choses ne sont que ce que les hommes les ont faites. Je vous ai long-temps et très-patiemment écoutés, car la discussion ramenait l'examen de questions qui m'occupaient moi-même. Maintenant je vous demande, qui nommerons-nous députés ?

Saint-Alban. — Expliquez-vous.

Durval. — Je dis qui nommons-nous, d'abord dans l'arrondissement électoral dont je fais partie, à Villeneuve-le-Roi, enfin ; suis-je clair ?

Saint-Alban. — Très-clair, assurément.

Brémont. — Mais il faut choisir un homme indépendant.

Saint-Alban. — Mon cher Brémont, faites-moi le plaisir de me le dire : qu'est-ce qui constitue à vos yeux ce qu'il vous plaît d'appeler un homme indépendant ?

Brémont. — Belle question ! Un homme indépendant est celui qui, étant riche, n'est point fonctionnaire public.

Durval. — Oui, ce sont là des élémens d'indépendance.

Saint-Alban. — Cependant on peut être riche et avoir des goûts, des habitudes qui fassent qu'on ne le soit jamais assez : on peut ne pas être fonctionnaire, et être dévoré de l'ambition de le devenir. C'est une admirable chose que ce mot d'indépendance ; mais par malheur les chaînes de l'homme, ses liens, ses entraves, sont si multipliés, si divers, qu'en vérité il me semble malaisé de préciser les règles de sa liberté, les principes de la véritable indépendance. Tous à peu près nous sommes prenables d'un certain côté ; nous naissons avec des passions ; le désir de certains biens, de l'amour-propre, de la vanité, que sais-je ?... et tout cela produit des besoins qui, dans nos mœurs, avec nos habitudes sociales, sont souvent plus impérieux que ceux qui tiennent à la nécessité même d'améliorer *matériellement* sa position.

Durval.—Est-ce que vous voulez par hasard qu'on envoie à la Chambre des députés pauvres ?

Saint-Alban. — Non, vraiment. J'avais seulement à cœur de vous montrer qu'il faut se défendre de ces généralités absolues.

Durval. — Très-bien ; mais parlons du candidat , et voyons quelles sont vos idées à cet égard ?

Saint-Alban.—Votre impatience est grande. Eh bien, j'y arrive. Vous n'auriez pas besoin , je le sais, que j'expliquasse ma pensée, si celui de vos concitoyens, naguères votre député, et récemment élevé à la pairie , pouvait encore devenir l'objet de votre choix. La presque totalité des votes du Collége le porterait à la Chambre ; car il est du petit nombre de ces hommes dont le caractère honorable, les vertus privées, la parfaite droiture parviennent à faire violence à l'esprit de parti luï-même.... Mais l'estime publique et la reconnaissance particulière ne peuvent plus emprunter leur langage de l'urne électorale. Contentons-nous de mêler quelques regrets à la pensée consolante que , placé plus haut , il ne cessera pas d'apercevoir le bien qui est à faire, les maux qui seraient à réparer...

Durval. — Je vous pardonne de bon cœur cette petite introduction ; car j'aime et j'estime celui qui en est l'objet.

Brémont. — Partout ce sentiment sera partagé.

Saint-Alban. — Si cependant le citoyen honorable dont nous parlons avait pour ami un homme dont les principes monarchiques fussent accompagnés de cette sagesse qui mûrit et fortifie les résolutions législatives, tout en rapprochant les esprits ; qu'il fût propriétaire riche (vous le voyez, mon cher Brémont, j'aime tout autant qu'un autre cette qualité) ; que, né au milieu de nous, il y vécût constamment ; qu'à l'issue de chaque session il revînt étudier les besoins de la contrée ; et que, mettant enfin en commun ses pensées, ses démarches, avec les soins et les vœux du noble pair, la prospérité du pays dût s'accroître de cette heureuse union : alors, je l'avoue, je choisirais sans hésiter cet ami, je nommerais. enfin député M. de B....., car c'est bien lui que je viens d'indiquer.

Durval. — Mais nous y avons pensé, et c'est précisément celui qui nous convient davantage.

Saint-Alban. — Si je ne vote pas dans votre arrondissement, j'y ai des propriétés, et vous concevez qu'il m'importait ainsi qu'à vous de rechercher quel pouvait être le candidat le plus désirable. Nous devions donc, sans aucun effort, nous rencontrer.... Voyons maintenant, mon cher Brémont, si nous nous entendrons aussi aisément. Vous êtes moins facile que M. Durval. Il vous faut, je le sais, un candidat riche, et étranger, s'il est possible, aux fonctions publiques : car l'avantage de n'avoir point encouru la confiance de son souverain , équivaut en pareil cas pour certaines gens (je ne dis point cela pour vous au moins, mon ami), au mérite qu'a le *sans dot* pour Harpagon. Vous votez à Avallon ; j'y ai quelques amis, et surtout des intérêts dans l'arrondissement électoral, à raison de certains bois que vous me connaissez aux environs de Tonnerre. Ainsi les localités sont un peu les miennes.

BRÉMONT. — Ah ! je vous reconnais pour un des nôtres.

SAINT-ALBAN. — Eh bien , mon cher Brémont, un homme fort influent, très-modéré (remarquez bien , je vous prie, cette dernière qualité), m'assurait que celui qui obtint vos suffrages lors des élections de 1821, ayant rempli les espérances des membres du Collége , en défendant les intérêts de la contrée , serait de nouveau votre représentant à la Chambre : avouez-le , le candidat dont je parle, et que son titre de député sortant vous indique assez , a satisfait à tous vos désirs, a compris vos vœux les plus intimes , à vous qui fuyez les extrêmes, et me répétez souvent *que la France est éminemment centrale , et que ce qu'elle réprouve , ce sont les excès en tout genre.*

BRÉMONT. — Le candidat m'est personnellement agréable ; je l'estime, et, destitué, je le tiendrais pour parfait.

SAINT-ALBAN. — Toujours ! Si j'essayais de vous prouver que cette qualité de fonctionnaire public doit au contraire, dans l'intérêt bien entendu du pays, vous le faire choisir !

BRÉMONT. — Voyons, je vous saurai le meilleur gré possible de votre tentative.

SAINT-ALBAN. — Je prendrai les choses d'un peu loin, mais je n'en arriverai pas moins vite, ni moins sûrement au but. Examinons franchement la nature et les effets d'un gouvernement représentatif : n'est-il pas de son essence d'établir une contradiction constante, une sorte de lutte entre les hommes qui dirigent les affaires, et ceux qui, voulant parvenir au pouvoir, s'appliquent à censurer tous les actes du ministère ? Avec un tel mode de gouvernement, il est surtout nécessaire, indispensable que les individus qui occupent les emplois publics, partagent les idées, les principes, les vues des ministres ; et, sans cet accord tacite, cette union intime, il y aurait impossibilité d'exister, et par conséquent de gouverner pour ceux qui composent l'administration du pays ; mais cette obligation qu'ont les fonctionnaires d'être dévoués au ministère, les plaçant nécessairement dans la majorité, lorsqu'ils arrivent à la Chambre élective, elle leur assure en même temps une influence naturelle, puisqu'elle est inhérente à la forme du gouvernement établi. Il arrive donc que les localités représentées par des fonctionnaires publics ont près du ministère des défenseurs de tous les instans; et cela est fort simple, mon cher Brémont, le gouvernement représentatif, comme les sociétés, ne vivant que d'échanges.

BRÉMONT. — Mais la justice ne permet pas toujours....

SAINT-ALBAN. — Je vous entends. Sans doute, la justice s'oppose à ce qu'une contrée soit plus imposée qu'une autre; et certes la quotité de l'impôt ne saurait être arbitrairement changée. Mais combien d'intérêts secondaires, et néanmoins très-importans, doivent être remis à la volonté des gouvernans! Telle communication, par exemple, qui ne serait souvent entreprise que vingt ans plus tard, s'ouvre sur les instances réitérées des députés influens... et si nous passons des choses aux personnes, que de grâces, que de faveurs peuvent être accordées sans blesser la justice à tel individu plutôt qu'à tel autre! Partout où il y a égalité de droits et de mérite, une préférence a lieu sans offenser la morale. Voyez maintenant, et réfléchissez......

BRÉMONT. — Oui, la force des choses doit

amener ce résultat ; il faut donc l'accepter comme une conséquence inévitable. Au surplus, je vous le répète, je suis très-éloigné d'éprouver la moindre répugnance pour M. J. de P........ estimable à plus d'un titre, possédant toutes les vertus privées qui, si souvent, sont le gage de celles de l'homme public ; il a su dans de graves occurrences, concilier les devoirs du magistrat avec les droits sacrés de l'humanité. Jamais enfin des rigueurs inutiles, des insultes vaines et peu généreuses, ne se mêlèrent dans sa bouche aux exigences de la loi...

Saint-Alban. — A merveille, mon cher Brémont, à merveille. L'éloge du candidat fait par vous est de tous points supérieur à ce que j'aurais pu dire ; car vous votez à Avallon, et vous exercez sur vos concitoyens une honorable influence.

Brémont. — Attendez ; je reprendrai bien vite mes habitudes... J'ai cru deviner par ce que vous avez énoncé, il y a peu d'instans, que vous regardiez comme toute simple l'obligation où se trouvent les fonctionnaires de voter selon le bon plaisir des ministres ?

Saint-Alban. — Mais, sans le moindre doute. C'est encore une conséquence naturelle des développemens dans lesquels je suis entré. Dans un gouvernement représentatif, il y a solidarité entre tous les fonctionnaires publics, salariés ou autres, depuis le président du Conseil, jusqu'à l'adjoint au maire de la moindre commune du royaume ; la concordance de principes est toujours supposée, et il serait par trop commode, que les scrupules se réveillassent à point nommé, le jour de la convocation des colléges électoraux. On fait, je le sais, tous les jours grand bruit de cette prétendue violence dans les feuilles de l'Opposition ; mais sérieusement, je vous le demande : supposez-vous un seul instant que, si les membres actuels de la minorité parvenaient à la direction des affaires, ils souffriraient patiemment que les agens sous leurs ordres envoyassent à la Chambre ceux qui seraient les contradicteurs-nés du système qu'ils auraient adopté ? On feint d'ailleurs d'oublier, qu'il est toujours parfaitement loisible à chacun de renoncer à sa place dès l'instant.....

BRÉMONT. — Il faut cependant que les élections soient libres.

SAINT-ALBAN. — Oui certes, et je veux qu'elles le soient. J'entends que les électeurs de l'Opposition aient toute latitude pour se voir et se concerter ; que les listes soient sincères ; qu'aucune fraude ne se commette ; mais c'est précisément aussi, parce que j'admets tout cela, qu'il est indispensable que le ministère exerce cette influence. Chez tous les peuples où le gouvernement représentatif s'est naturalisé, l'action que vous voudriez paralyser se retrouve, et depuis Washington jusqu'à Stuttgardt, mon cher Brémont, on s'efforce de grossir les rangs de la majorité.

DURVAL. — Qui portez-vous à Auxerre, car c'est là que vous votez, M. de Saint-Alban?

SAINT-ALBAN. — Notre choix n'était nullement embarrassant. La réélection de l'homme sage et éclairé, qui obtint nos suffrages il y a deux ans, est si convenable, qu'aucune hésitation ne pouvait se manifester. Sans ambition personnelle, n'usant jamais de son crédit que dans l'intérêt du pays ou de ses concitoyens; offrant d'ailleurs au Roi, comme à la monarchie constitutionnelle, toutes les garanties désirables, il serait difficile de faire un aussi bon choix. On trouve encore dans sa fortune personnelle, et dans cette abnégation de soi-même, qui le porte à refuser de hautes fonctions administratives, la certitude que sa persuasion intime, dégagée de tout intérêt personnel, continuera à le diriger dans sa carrière législative. Enfin, Messieurs, ce qui assure à M. H.., un beaucoup plus grand nombre de suffrages qu'aux dernières élections, c'est que les esprits les plus prévenus ont reconnu en lui, une vertu toujours rare et précieuse dans les temps difficiles ; je veux dire, cette force de conscience qui donne *le courage de la modération.*

DURVAL. — Je n'ai pas comme vous, Messieurs, l'honneur d'appartenir au grand collége, mais je n'en suis pas moins curieux de connaître les deux candidats de ce collége, et de savoir encore si M. Brémont sera d'accord sur ce point avec M. de Saint-Alban.

BRÉMONT. — Écoutez, j'ai mes idées, mes affections, mes préventions, peut-être. En cela je subis le sort de l'humanité ; mais, du moins, constamment sincère, jamais, par un fol entêtement, un vain amour-propre, je ne repousse ce qui me paraît vrai.

SAINT-ALBAN.— J'ai toujours regardé comme étant d'une convenance parfaite, le soin qu'on a eu de profiter de cette circonstance heureuse qui, mettant dans un rapport exact le nombre de nos députés avec celui des cinq arrondissemens du département, permet que chacun d'eux trouve un *représentant spécial* dans la députation. Le maintien d'un pareil état de choses est précieux, et éminemment propre à satisfaire aux intérêts de chaque localité. C'est donc dans votre arrondissement, mon cher Brémont, que nous devons chercher le successeur de M. le comte de Ch......... Ce mot de successeur est

pénible à prononcer, je le sens, lorsqu'il ra-
mène forcément l'esprit sur une perte aussi
réelle que vivement sentie. Oui, cette nécessité
de chercher un remplaçant à celui qu'on eût aimé
à ne jamais remplacer, est toujours affligeante.
Cependant, consolons-nous : M. de Ch........
qui, à l'exemple de ses ancêtres, mit de bonne
heure au nombre de ses premiers désirs l'obligation de prêter appui et protection à son pays et
à ses concitoyens, n'aura pas besoin d'un man-
dat spécial pour continuer une aussi noble mission. Si dans la Chambre héréditaire sa place se
trouve naturellement marquée près de l'homme
excellent qui excitait nos regrets il y a peu
d'instans, croyons-le; les deux nobles pairs
seront également unis et rapprochés toutes les
fois que la contrée réclamera de leur intervention une source nouvelle de bien-être, un moyen
de plus de prospérité. Mais faisons en sorte que
ce successeur offre aux électeurs du Collége,
composé de citoyens appartenans aux cinq arrondissemens, une existence sociale, telle qu'il
soit facilement adopté par tous. Je m'explique :
si le candidat proposé, bien que recomman-
dable d'ailleurs, était privé de cette consistance
qui naît de la fortune ou d'antécédens.... Vous
souriez, mon cher Brémont : si, dis-je, son nom
ne réveillait aucuns souvenirs, ne se rattachait

à rien de remarquable; qu'enfin une longue explication devînt indispensable pour faire connaître ses titres à la confiance, il y aurait de graves inconvéniens dans un pareil choix. Frappés de cette vérité, un grand nombre d'électeurs se sont déterminés à porter.... ·

BRÉMONT. — Qui?

DURVAL. — Attendez.

SAINT-ALBAN. — Un homme dont le nom justement célèbre rappelle tout à la fois des talens, de rares vertus et de grands malheurs.

BRÉMONT. — Serait-ce M. de B.......?

SAINT-ALBAN. — Précisément. Si la première partie de sa vie s'écoula loin de sa patrie, il ne cessa jamais de former des vœux pour elle; et quand il y rentra, il n'était point aigri par une infortune si peu méritée. Le même courage le soutint lorsque de nouvelles persécutions l'atteignirent après son retour en France. Il avait rapporté de son long exil une instruction solide et variée; la connaissance des hommes, un tact sûr, et le développement complet de toutes les facultés d'une âme courageuse.......... Aujourd'hui, devenu l'un des membres du Conseil d'Etat, il n'a point cessé d'être pour nous un concitoyen; ses propriétés, de même que ses souvenirs, le rattachent à notre département. Si son dévouement aux Bourbons est sans bornes, il ne sera pas moins passionné pour les devoirs que lui imposera la confiance de ses commettans. Il fera surtout servir aux intérêts de notre pays toute l'activité de son caratère ; et les succès qu'il dut sur la terre d'exil à un esprit aimable et cultivé, à des formes constamment polies et séduisantes, sont le gage des services importans qu'il rendra plus tard à la contrée.

BRÉMONT. — Vous le connaissez personnelment ?

SAINT-ALBAN. — Oui, beaucoup ; aussi n'est-ce point un portrait de fantaisie que je viens d'esquisser ; tout y est exactement vrai.

DURVAL. — M. de B....... est fonctionnaire ; cependant, après tout, M. Brémont, il me semble que, même dans votre propre système, il est préférable de nommer l'homme qui l'est déjà, à celui qui voudrait le devenir ?

BRÉMONT. — Cela est incontestable.

SAINT-ALBAN. — Au reste, mon cher Brémont, tout en m'arrêtant avec une sorte de complaisance sur les titres du candidat que je viens d'indiquer, je n'ai pas oublié que vous comptez parmi les habitans d'Avallon un homme également digne de vos suffrages ; car la fidélité qui emprunte les formes du courage est rare et d'un grand prix. Un serment religieusement gardé atteste un caractère honorable.... Les faits pour vous, mon cher ami, sont assez présens, et votre mémoire, en vous reportant facilement à une circonstance grave, me dispense d'insister davantage....

BRÉMONT. — Je me souviens parfaitement que M. R.....

SAINT-ALBAN. — Très-bien, vous m'avez compris; mais l'heure s'écoule, et notre conversation m'a fait oublier.... Pardon, si je vous quitte....

BRÉMONT. — Non pas, vraiment. Quelques instans encore; nous avons à discuter le second candidat du collége de département, et de plus vous devrez répondre à de certaines objections....

SAINT-ALBAN. — Si je défère à votre vœu, c'est à condition que les objections me seront présentées en masse, et qu'on me laissera immédiatement la parole sur le second candidat.

BRÉMONT. — Soit, j'y consens.

SAINT-ALBAN. — Lorsque, deux années de suite, j'ai retrouvé dans l'un de nos députés le rapporteur des dépenses du budget de l'Etat, je n'ai pu m'empêcher de me féliciter que celui auquel nous avions deux fois accordé la mission de nous représenter, eût su mériter de la Chambre ce témoignage si marqué de sa haute confiance. Mais, je dois le dire, il y eut autre

.. chose en moi de satisfait que l'amour-propre. Je fis un retour bien naturel sur notre position financière, et particulièrement sur la mienne, quand j'appris positivement qu'à l'époque du travail si important sur le dégrèvement des divers départemens de la France, les intérêts du nôtre avaient été énergiquement et surtout très-habilement défendus par ce même député, que ses fonctions de rapporteur mettaient en contact avec tous ceux qui pouvaient avoir le plus d'influence sur les diminutions à prononcer. Messieurs, je ne sais si je m'abuse; mais dans un siècle où tout se résout par des chiffres, où tout est en quelque sorte mathématique, cette manière toute *positive* de se rappeler à l'attention d'un collége électoral me paraît d'assez bon goût; et pour moi, dans cette vieille habitude où je suis de voir un peu le fond des choses, je vais même jusqu'à préférer cette espèce de recommandation à celle qui fonde ses succès sur des déclamations souvent aussi vagues dans leur objet que vaines dans leur résultat. L'esprit encore tout rempli de ces réflexions, je les communiquais, il y a quelques jours, à un électeur qui me répondit aussitôt : « M. de Saint-Alban, quand nous nommâmes M. de B......... député, toute la reconnaissance dut être de son côté; mais cette fois, en le réélisant, un juste sentiment de gra-

tilude s'unira naturellement à tous les autres motifs qui nous porteront à le choisir pour notre
représentant à la Chambre. »

Durval. — Ce ne sera point moi, né à
Sens, qui manquerai d'applaudir à un tel
choix.

Brémont. — Je ne suis pas de Sens, moi :
je passe pour être tout aussi difficile que beaucoup d'autres, et je déclare qu'à une époque
où des préventions existaient contre le candidat dont nous parlons, je les repoussai, et
lui donnai mon suffrage ; tout cela, parce qu'il
a de grands talens, une rare capacité, et qu'enfin je savais que lui remettre la défense des
intérêts du département, ce n'était point se
méprendre......... d'accord, nous nous en-
tendons. Ainsi je vais dire bien vite quelles
sont mes affections et mes antipathies. Je com-
mence par les premières : c'est le chapitre le
plus court. J'aime beaucoup l'économie....... le
voilà tout entier ; je redoute fort le droit d'aînesse ; l'indemnité à donner aux émigrés m'épou-
vante ; le bas prix des grains m'afflige, et je
suis singulièrement fatigué du provisoire. L'économie où est-elle ?..... Ce que je crains est, dit-
on, très-prochain, et ce qui m'afflige paraît
devoir être éternel.

Saint-Alban. — D'accord sur nos candidats,

faisons en sorte de nous rapprocher, de nous expliquer également sur ce qui semblerait encore nous alarmer et nous diviser. Je dis qui *semblerait;* car en politique, comme en toutes choses, il y a plus de malentendus que de véritables divergences. Comme vous, j'aime l'économie, mon cher Brémont, mais je ne prétends pas que ce mot ait, pour un Etat riche et puissant, la même signification que pour l'honnête bourgeois qui règle les besoins de son intérieur. Il est des dépenses indispensables ; il en est de nécessaires, d'utiles, de profitables et de simplement convenables pour un grand peuple; et ne vous en déplaise, les épargnes de ce bon cardinal de Fleury furent cent fois plus funestes à la France que les prodigalités de tel ministre considéré comme dissipateur. L'essentiel est qu'une dépense soit *productive dans ses effets;* c'est-à-dire, qu'elle serve l'agriculture, l'industrie ou les arts. Ainsi, vous le voyez, je ne suis pas éloigné d'admettre qu'il peut exister des prodigalités utiles. Par exemple, dans un pays où la douceur des mœurs, la température du climat, et les plaisirs d'une immense capitale, sont déjà autant d'attraits pour les nombreux cosmopolites qui s'y succèdent sans relâche, il est d'un intérêt bien entendu d'ajouter à tant de motifs de séduction le charme non moins irrésistible

qui naît de la culture des beaux-arts....... Au surplus, mon cher Brémont, il ne faut pas vous le
dissimuler, le gouvernement représentatif qui
offre sur les autres des avantages réels, n'est cependant pas le moins cher de tous, parce que
c'est celui qui permet le mieux d'emprunter, et
qui souffre le moins qu'on ne rende pas. Mais à
côté de cet inconvénient, il place la discussion
et l'examen des affaires publiques, le contrôle
des dépenses. On y voit clair : tout y est trans-
parent : c'est la maison du sage des temps an-
ciens. Un déficit ne peut se cacher : force est
de le révéler promptement : car l'altération du
crédit public en dirait bientôt plus que les
aveux les plus sincères... J'effleure la question ;
mais vous apercevez déjà les élémens de la so-
lution.

Brémont. — Je saisis très-bien votre pensée.

Saint-Alban. — Je ne suis pas dans le secret
des projets futurs des ministres ; mais je ne crois
point à la résurrection du droit d'aînesse ; et sans
avoir la prétention de deviner la marche du
Gouvernement, j'imagine qu'il peut être tout au
plus question d'introduire une disposition ana-
logue à la proposition faite par M. le duc de
Lévis à la Chambre des Pairs, en 1821 ; disposition à l'aide de laquelle la faculté de former
des majorats, avec ou sans titre, serait étendue,

rendue possible avec une fortune moins considérable que celle qui est aujourd'hui nécessaire pour en ériger. Remarquez, mon cher Brémont, que depuis bientôt trente-trois ans, la propriété va se divisant en France ; qu'avant peu le morcellement nous conduira à des fractions imperceptibles ; et que, si le partage de ces masses énormes qui se trouvaient comme frappées d'immobilité en 1789, fut un bienfait immense, une source de prospérité incontestable, le moment est arrivé où les lois doivent prévenir un mal tout aussi dangereux dans une monarchie : la disparition de toute propriété foncière un peu étendue, qui ne soit pas acquise de la veille. La législation d'un peuple doit toujours être l'expression fidèle des besoins de la société. Mais si les besoins changent, elle doit varier comme eux. Il faut donc arrêter ce qu'il convenait de favoriser il y a un tiers de siècle. Reconnaître la nécessité des temps, ce n'est pas rétrograder, c'est au contraire marcher avec les choses. Que l'aristocratie se recrute à chaque instant des existences nouvelles qui se forment, rien de mieux ; mais que celle qui est, possède des moyens de conservation, de durée ; car, où il n'y a point de passé, il n'existe guère d'avenir......... Voilà, privées de développemens convenables, quelques unes de mes idées, sur l'importance de fixer héréditairement la propriété dans les familles.

Brémont. — Si c'est là seulement le but qu'on se propose, on peut l'atteindre, j'en conviens, sans rétablir une disposition qui était affligeante, brisait les liens les plus intimes, et érigeait en principe la spoliation de tous au profit d'un seul.

Saint Alban. — Mon cher Brémont, je sais gré à votre excellent esprit de m'avoir fait grâce des droits féodaux, de la dîme et de la dépossession des acquéreurs de biens nationaux. Il est vrai que les organes habituels de toutes les appréhensions vraies ou feintes y ont eux-mêmes renoncé. Les dix années qui se sont écoulées depuis la restauration, ont rassuré les plus timides; mais vous êtes alarmé, en pensant qu'une indemnité pourrait être accordée aux émigrés, et j'imagine bien que vos craintes ont uniquement pour motif l'*étendue*, la *quotité* de cette indemnité. Vos inquiétudes deviendraient les miennes, si je n'étais pas persuadé que le but d'une telle disposition serait de *secourir*, de *dédommager*, et non d'offrir des équivalens, de *remplacer* enfin ce qui fut détruit. Ma persuasion tient à la situation des choses; elle repose sur cette espèce d'impossibilité d'aller plus loin. Quant aux considérations qui porteraient à accorder des indemnités, je les juge à la fois morales dans leur source et politiques dans leurs effets. Le possesseur de biens nationaux, qui croit le plus fermement à la *disposition fondamentale*, source et garantie du repos de la France, applaudira le premier à une mesure qui ôtera jusqu'au moindre prétexte de troubles ou d'alarmes. Dans un siècle où la bonne foi fut fréquemment violée, où les notions du juste et de l'injuste furent si souvent confondues, où la force enfin, usurpa les droits les plus sacrés, parce qu'elle possédait ce qui les détruit ; remarquez, dis-je, que dans un tel temps les masses éprouvent le besoin de voir ajouter aux garanties morales, aux promesses les plus solennelles qui émanent des lois, les assurances positives qui doivent leur origine à des *intérêts matériels* satisfaits. Croyez-vous, par exemple, mon cher Brémont, que si, en 1814, au moment même où l'auguste législateur proclamait *l'inviolabilité des propriétés dites nationales*, le Gouvernement eût proposé aux Chambres l'allocation d'une indemnité pour les émigrés, la sécurité, la confiance la plus entière n'eussent pas remplacé les inquiétudes, les défiances ; et par là une arme terrible n'était-elle pas enlevée aux ennemis de la restauration ? Souvenez-vous qu'alors le grand-livre offrait une immense ressource à la justice généreuse ; la dette ne s'était pas accrue de toutes les sommes que coûta au pays la seconde invasion. Oui, je n'hésite pas à le dire, qu'on suppose l'indemnité accordée en 1814 ; le retranchement de certain discours, dans lequel certain orateur parlait de *jeter un voile sur certaines propriétés* ; des ménagemens convenables enfin pour les intérêts et les amours-propres individuels, et vous avez peut-être le 20 mars de moins avec toutes ses conséquences !

Quant au peu de valeur qu'ont les grains, cet état de choses devait être le résultat d'une série de récoltes singulièrement abondantes dans tous les pays où se cultivent les céréales ; les plaintes que vous faites entendre retentissent sur tous les points du globe civilisé. Cependant la législation sur les subsistances est actuellement en France à peu près aussi parfaite qu'elle peut l'être. C'est donc seulement à une ou deux récoltes médiocres que vous devrez un *cours* plus en rapport avec les charges et les besoins de l'agriculture ; et à moins d'organiser la famine, mon cher Brémont, ou de créer comme par enchantement plusieurs millions de consommateurs, je ne sache pas de puissance humaine capable d'empêcher que le blé, excessivement commun partout où on le récolte et dans tous les lieux où il se consomme, se vendît à très-bas prix en France comme ailleurs.

BRÉMONT. — Il n'y a rien à répliquer, j'en conviens ; mais encore un seul mot : Comment se fait-il que l'industrie languisse, que nos produits ne trouvent qu'avec peine un écoulement, qu'on se plaigne généralement de la stagnation des affaires, qu'enfin notre prospérité fût plus grande il y a douze ans ?

SAINT-ALBAN. — Je ne vous reproche point, mon cher Brémont, de n'avoir pas réuni cette dernière objection à toutes celles que vous m'avez présentées plus haut ; car j'aurais l'air d'adopter vos plaintes et de passer condamnation ; j'y répondrai immédiatement. Vous prétendez que l'industrie languit ; mais en vérité, mon ami, votre assertion n'est pas sérieuse ; loin de là, chaque jour elle fait de nouveaux progrès. Je n'en veux pour preuve que les admirables produits apportés, il y a peu de mois, de tous les points de la France, dans les vastes salles du Louvre. Là des perfectionnemens multipliés ont attesté à tous les regards que des succès réels ont récompensé les efforts des fabricans français, et qu'il y a plus que des médailles et des mentions honorables pour les hommes utiles qui parcourent la carrière des arts industriels ; qu'il existe à côté de ces encouragemens des résultats non moins précieux : une consommation telle que l'activité intelligente et les capitaux s'unissent pour introduire des améliorations, propager des découvertes utiles qui feront naître à leur tour, des débouchés plus étendus. En ce genre tout marche, tout est ascendant ; en contemplant cette ingénieusse prévoyance qui étudie nos besoins pour les satisfaire plus sûrement et au meilleur marché possible, on admire ; mais à la vue de tant de merveilles, on serait tenté de demander si en effet des combinaisons plus heureuses, de nouveaux progrès sont désormais possibles. Ah ! sans doute les produits de l'industrie française ne sauraient être imposés à tous les peuples au gré de notre patriotisme. Les nations s'observent ; elles sont plus ou moins avancées, et presque toutes comptent dans leur sein des établissemens qu'il leur importe de préserver de la concurrence ; mais malgré ces tarifs plus ou moins hostiles, beaucoup de nos produits sont encore admis, parce que leur perfection, leur bon marché même suffisent póur en recommander l'usage à nos voisins.

Dans cette lutte de toutes les industries européennes, les fabriques françaises paraissent riches de découvertes importantes, fortes des capitaux qu'elles possèdent et confiantes dans le génie des artistes habiles dont les veilles ont pour but ses progrès et ses conquêtes.

Sans être optimiste, je ne puis m'empêcher d'être vivement frappé de ce bien-être général répandu partout. Les classes inférieures sont constamment occupées, leurs salaires sont élevés ; pour elles la vie est devenue plus facile, et avec de nouveaux besoins elles ont acquis la possibilité de satisfaire des jouissances nouvelles. Parcourez nos campagnes, et vous voyez le chaume faire place tous les jours à une toiture à la fois moins modeste et plus durable ; la population s'accroît, et le travail suit cette progression. Tout cela ; mon cher ami, n'est pas sans doute la félicité de l'âge d'or, ni ce bien imaginaire entrevu seulement par quelques vains théoriciens ; mais convenons qu'une masse d'aisance est répartie dans toutes les classes de la société. Si j'entre dans les villes, j'aperçois bien des gens qui se plaignent ; mais en même temps je remarque que leur fortune s'augmente, qu'ils jouissent de toutes les commodités de la vie, que leurs enfans sont convenablement dotés. Au milieu d'une vaste capitale les frondeurs abondent ; et, à les entendre, tout est paralysé, toutes les sources de la prospérité publique

sont taries; et cependant à chaque pas je retrouve le mouvement et la vie, et de toutes
parts aussi les recherches du luxe sont prodi-
guées; douze théâtres à la fin de chaque jour-
née se remplissent; des constructions nouvelles,
élégantes, de bon goût, frappent les regards, et
me disent énergiquement que tout s'améliore et
grandit là où l'on prétend que tout souffre et
décline; enfin, depuis l'homme que la fortune a
placé dans les premiers rangs de l'ordre social
jusqu'à l'honnête et simple artisan qui vit du
produit de son travail, la possibilité de satisfaire
à des goûts qui supposent un superflu se mani-
feste. Il y a douze ans, dites-vous, l'état de la
France était plus prospère?

BRÉMONT. — Certainement; à cette époque
l'Europe était tributaire....

SAINT-ALBAN. — Quoi, vous voulez parler
des avantages que nous retirions de nos conquêtes, des tributs qui en étaient la conséquence... Mais, mon cher Brémont, la guerre
et les spoliations qu'elle traîne à sa suite, fu-
rent-elles jamais considérées comme élémens de
la prospérité d'une nation? Si vous prétendiez
faire entrer en ligne de compte les centaines
de millions que la victoire avait procurés au
pays, quelle terrible soustraction il nous fau-

drait opérer par le retranchement de ces deux milliards environ que coûtent à la France les représailles exercées en 1815!.....

Cessez donc de vous abuser par de vaines exagérations. Non, sans doute, tout n'est pas très-bien, puisqu'il y a un mieux possible à chercher, à atteindre, s'il se peut; mais disons avec franchise qu'en considérant les difficultés qu'offraient notre situation et la question d'ailleurs si compliquée qui se rattache à la fixation de tout tarif de douanes, il y a en France une aisance, une prospérité croissante, un crédit public, dont le développement sensible, atteste la confiance et la sécurité des prêteurs, la bonne foi et la solidité du Gouvernement; et ce qui prouverait bien mieux encore l'exactitude de ces faits, c'est, mon cher Brémont, que ceux qui les nient composent la minorité, depuis huit années, chez un peuple plein de sens, de tact et de raison.

BRÉMONT — Je ne conteste pas qu'une sorte d'exagération accompagne toujours de telles plaintes....

SAINT-ALBAN. — Je ne redoute pas moins que vous le provisoire. L'absence des institutions locales, qui donnent la vie à toutes les parties du corps social, est toujours un malheur. Aussi, j'aime à croire qu'une Chambre dont les sessions seront remplies autrement que par des vérifications de pouvoirs ou des débats scandaleux sur les personnes, pourra donner à la France les lois organiques qu'elle attend ; qu'elle constituera le pouvoir municipal et départemental : lois où sera déposé prêt à éclore le germe de sentimens patriotiques incompatibles avec un système de centralité qui isole les meilleurs citoyens, les exclut de tout ce qu'il y a d'utile à tenter dans l'intérêt du pays ; qui fortifie enfin l'insouciance et l'égoïsme, et fait que le bien public touche moins, par l'habitude de n'être jamais appelé à y concourir.

BRÉMONT. — Cette maudite centralité, je l'avais oubliée. Je vous sais gré d'être aussi bon juge. Dieu veuille qu'elle cesse enfin !

SAINT-ALBAN. — Oui, mon cher ami, elle cessera. Des institutions fortes et généreuses seront données à la France. Affranchi des craintes qui pouvaient gêner sa marche ou détourner son attention, le Gouvernement sera désormais indépendant, parce que l'influence qu'exerçait le souvenir de nos revers est heureusement détruite et remplacée par la juste persuasion que la France a retrouvé une armée fidèle, aguerrie, et un chef vaillant pour la conduire à la victoire. Tout ce qu'avait de compliqué notre situation extérieure a disparu. Dans l'intérieur, la tranquillité est d'autant mieux assurée, qu'au dehors les seules espérances qui pussent encore nourrir des projets coupables, sont à jamais anéanties. Dans de telles circonstances, les traces de l'esprit de parti s'effaceront promptement; l'Opposition elle-même ne sera plus bientôt que ce qu'il est utile qu'elle soit, l'organe d'une critique sage et mesurée qui avertit et conseille, sans vouloir détruire. Tous les bons esprits, les hommes éclairés se rapprocheront du Gouvernement; car déjà l'instant n'est pas éloigné où il y auroit stupidité ou crime à ne pas entourer de tous ses vœux ce souverain vénérable sans qui peut-être nous ne serions plus une nation, ce monarque législateur, qui nous donna la liberté compatible avec nos mœurs et notre civilisation, et dont le génie prévoyant a su, par une guerre hardie, mettre pour toujours à l'abri de tout péril cette même liberté désormais acquise à nos derniers neveux; cette famille auguste enfin sans laquelle, on ne peut trop le redire, il ne saurait exister pour la France ni gloire, ni prospérité... Adieu, M. Durval. Quant à vous, mon cher Brémont, nous nous reverrons à Auxerre le 6 mars. Adieu...

BRÉMONT. — Je vous quitte plus heureux, mon cher Saint-Alban ; vous avez détruit les doutes, les inquiétudes qui m'affligeaient ; et s'il pouvait m'en rester encore, je sens que la sagesse et la fermeté du Roi achèveraient de les dissiper.

FIN.